APRÈS LE SCRUTIN

AUX

ÉLECTEURS CONSERVATEURS

DU

CANTON DE GENDREY

***

LONS-LE-SAUNIER

IMPRIMERIE ET LITHOGRAPHIE DE J. MAYET ET Cie

20, rue Saint-Désiré, 20

1882

APRÈS LE SCRUTIN

Le Gouvernement au moment si grave des élections d'août et de septembre 1881, a cru, pouvoir en restreignant d'une façon dérisoire le temps matériellement nécessaire aux nouveaux candidats pour se présenter aux électeurs, arriver à recomposer, aidé de l'inévitable pression officielle, la Chambre future des débris de l'ancienne, c'est-à-dire de tous ces clients de l'homme de Cahors ; il y est parvenu, personne ne l'ignore ; tout le monde sait également que le motif de cette reconstitution singulière avait pour but d'étrangler net par suite du petit nombre d'opposants toute discussion désagréable pour le dit Gouvernement au sein de la Chambre des Députés.

Bien des électeurs ne connaissent pas les faits et gestes de l'homme que la fatalité, que les mauvais destins de la France abaissée, ont placé au rang secondaire mais effectivement suprême par suite du désistement moral du Premier Magistrat de la République de s'occuper des affaires de l'État, pourtant si embrouillées.

Il ne manque pas d'électeurs dans notre canton, l'orgueil de tous ceux qui aiment l'ordre et la paix, qui se sont laissés entraîner par les promesses habilement fallacieuses d'un homme ayant l'habitude de distribuer à chaque élection, sans d'ailleurs grands dépens, cette eau bénite de cour, que nous nommons assurances pompeuses, officielles, auxquelles les naïfs se laissent toujours prendre, bien qu'ils en aient souvent fait l'expérience à leurs dépens.

Des promesses! rien n'est plus facile ni moins couteux; mais ce que peu de nos honorables savent faire, c'est de les tenir!!!

L'électeur! on le cajole avant le vote; on l'appelle monsieur gros comme le bras, et, on le met poliment à la porte quand une fois élu, il vient vous demander dans son innocente et loyale bonne foi de tenir vos promesses.

L'élu n'a plus rien à craindre, le fait est acquis, on oublie volontiers l'électeur.

Parmi les électeurs, il en est de bons vivants, comme il y en a malheureusement trop, qui oublient, qui envoient pendre ailleurs le farceur qui les a bernés. Mais il y a l'électeur sérieux, celui qui comprend et la gravité de son vote et l'étendue de l'injure morale que lui fait l'élu en faisant banqueroute à ses engagements, en ne se conformant pas au programme qu'il a soumis à ses mandants, et celui-là se rappelle tôt ou tard la réception si pleine de désinvolture de celui qui lui doit son élection.

Aussi, quand l'occasion se présente, elle ne manque jamais de se produire, sa voix va naturellement ou grossir le nombre des bulletins blancs, ou le nombre de voix de son adversaire.

Voilà, Messieurs, les réflexions que se pose l'électeur sensé quand il considère de sang-froid le gâchis gouvernemental actuel.

Il s'insurge, il se révolte contre ceux qui, dans de mirifiques et mensongères déclarations de foi électorale lui ont promis le veau d'or, et, ne sont pas capables au bout de quatre mois, de s'occuper (hélas! ils seraient autrement que leurs prédécesseurs) de choses utiles.

L'ordre du jour actuel le voici :

Questions d'hommes, de Ministres, de sottes et basses convoitises, de vols déguisés de places, occupées actuellement par des hommes intègres, titulaires vieillis sous le harnais, dont la situation n'est souvent que la récompense amplement méritée par d'honorables et loyaux services, que l'on dépouille arbitrairement au profit de cette meute affamée de fruits secs, déshérités ou se croyants tels, qui sont l'escorte de tous les gouvernements qui pataugent, parce qu'ils ne s'étayent sur rien de solide, piliers de cabarets et de bouges et qui doivent à cette élévation subite et inexplicable, ces situations hétéroclites pour eux.

Ce sont eux qui, par un virement assez plaisant de la morale économique et sociale, rendent la justice, régentent nos finances épuisées par des saignées toujours plus grandes et plus fréquentes, commandent à nos troupes, sans avoir souvent d'autre titre à cette élévation subite et souvent imméritée qu'une platitude sans bornes devant le fétiche actuel : Gambetta, l'homme de toutes les hontes !

Un grand nombre de nos concitoyens et peut-être même quelques-uns d'entre vous, Messieurs, ont envoyé, par leur vote, à la Chambre des députés, l'antagoniste politique de M. Henry d'Aligny, candidat conservateur, l'honorable docteur Lombard.

Aujourd'hui, il m'est pénible, mais j'en ai le devoir et le droit puisque j'ai combattu de toutes mes forces l'élection Lombard, de constater à l'actif de ces électeurs une nouvelle déception.

Ah, Messieurs, il est facile, trop facile hélas, d'entraîner au vote d'honnêtes gens par l'énumération toujours agréable pour un contribuable, de réformes utiles, de dégrèvements d'impôts, de promesses de paix inaltérable, que sais-je, par cette menue monnaie électorale qui a cours aujourd'hui, et qui, pour dire vrai, n'est que de la fausse monnaie politique.

Depuis la rentrée de la Chambre, depuis quatre mois, on ne s'est pas occupé une seule fois des intérêts pourtant si importants des électeurs.

Savez-vous ce qu'on a fait :

Lors de la rentrée on s'est divisé en groupes, en coteries parlementaires, on a gravité avec un sérieux

comique autour de cet habile farceur politique qui
a nom Gambetta, on a ergoté et surtout beaucoup
invalidé les conservateurs, enfin, pour dire vrai, on
a cherché à reculer, d'un commun et touchant ac-
cord, cette époque toujours désagréable pour beaucoup, quart d'heure de Rabelais fort difficile, où il
faudrait faire semblant de s'occuper de choses sé-
rieuses. On y a parfaitement réussi grâce aux nom-
breux loisirs que ces messieurs se sont octroyés.

Faut-il encore, Messieurs, vous rappeler ces fac-
tums multicolores et mirifiques du docteur Lombard
à l'époque où il sollicitait vos votes, pures réclames
électorales inondées de phrases sonores, de promesses éclatantes, pareils à ces prospectus extraordi-
naires que les charlatans vous distribuent le jour de
foire pour vous engager à acheter leur marchandise
problématique.

Il convient de promettre tout ce qu'on croit pouvoir tenir consciencieusement, il est peu pratique
et surtout maladroit d'agir autrement surtout en
politique.

Vous souvient-il de ses protestations d'attachement
inaltérable pour la république conservatrice, pour
le président Grévy en particulier, dont il promettait
de continuer la correction parlementaire au sein de
l'assemblée où vous lui faisiez l'honneur de l'envoyer
siéger; il invoquait l'appui moral, appui bien puis-
sant et bien honorable de cet homme intègre sans
le secours duquel il n'aurait jamais représenté l'ar-

rondissement, et aujourd'hui il s'est rangé, par son vote, sous la bannière de l'homme qui cherche à fatiguer le président, à le forcer sous-main de quitter le pouvoir pour s'en emparer, du moins il le croit.

Je ne m'occuperai que d'un seul vote : de celui qui a renommé Gambetta président de la Chambre.

Personne de vous, Messieurs, n'ignore les infortunes de Gambetta concernant ses candidatures multiples.

Renié par une portion fort considérable d'électeurs qu'exaspéraient des actes amphibies, cet illustre orateur, démagogique dans l'occasion, mais fort aristocrate dans quelques-unes de ses relations, n'a rien trouvé de mieux que d'insulter ses électeurs d'une telle façon qu'on lui donne le nom d'énergumène de Charonne.

Il s'en est fallu de quelques voix seulement qu'il ne soit pas élu, et encore son élection a-t-elle été le sujet de protestations indignées. Voilà, Messieurs, l'homme que l'honorable représentant de l'arrondissement a cru de son devoir de réélire comme président de cette assemblée souveraine qui tient entre ses mains la fortune de la France. Vous dirais-je, vous le savez peut-être déjà, que l'homme en question, que Gambetta, pour le renommer, est le but, la cible toujours atteints, d'accusations ignobles dans lesquelles on lui reproche, au grand jour de la presse, d'avoir volé la France pendant qu'elle râlait sous les bottes prussiennes, et qu'il n'a rien démenti !

Il ne suffit pas, Messieurs, de couvrir de son dédain, de son indifférence, certaines accusations et de n'y pas répondre ; il en est de celles que le silence garde mal à propos consacre et affirme.

L'homme intègre se défend, Gambetta s'est-il attaqué une seule fois pour son propre compte à ceux que ses amis nomment calomniateurs, à ces journaux qui l'ont éclaboussé de honte, et l'ont cloué au pilori d'infamie ?

Jamais, et la raison c'est que les faits qui lui sont imputés ayant eu lieu pendant l'époque néfaste des délégations de Bordeaux et de Tours, délégations qu'il étonnait par ses allures canailles et cyniques, il redoute trop d'étaler, par un procès scandaleux pour lui, la série des turpitudes qu'il a commises, parce qu'il connaît son code le malin, et que, la preuve, des faits articulés contre un fonctionnaire à l'occasion de son service étant admise en justice, il ne tient nullement qu'en la produisant, on ne le mette dans l'impossibilité de se disculper.

Voilà le premier vote de votre mandataire, vote bien grave, bien imprudent qui nommait comme régulateur et juge moralement taré, un homme n'ayant, comme je vous l'ai dit précédemment, jamais et pour cause, osé relever le gant d'infamie avec lequel toute la presse indépendante l'a frappé au visage !

Voilà, Messieurs, la première faute commise par votre homme lige, personnalité que sa situation politique permet de critiquer.

Quand j'ai eu, Messieurs, on août et en septembre dernier l'honneur de vous exposer les motifs puissants qui devaient vous engager à voter pour Monsieur Henry d'Aligny, je n'ai jamais, et vous m'en rendrez témoignage, traité certaines questions, brûlantes d'actualité, questions que le temps et l'expérience seuls vous feront juger sainement.

Mon seul but, mon unique désir, mon ambition la plus grande étaient de grouper autour du plus digne la population si loyale de notre cher canton.

Malgré les appels désespérés, les intimidations journalières des chefs de l'opportunisme localisés contre les conservateurs le canton, et j'en suis fier, en donnant une imposante majorité à Monsieur d'Aligny leur a carrément imposé silence tout en leur montrant le cas qu'ils faisaient de leurs tentatives électorales,

Nos adversaires vous ont dit : l'union fait la force, soyons tous unis.

Soit : mais vous ne pourrez jamais en pratique faire fusionner les rudes travailleurs de nos campagnes que le sol ingrat nourrit si parcimonieusement de ses produits, en leur donnant souvent juste le nécessaire et qui pourtant chérissent le champ paternel, chez lesquels on conserve précieusement comme un héritage sacré le culte de l'honneur, de la conduite, de la vie rangée en famille, et surtout de l'amour de Dieu et cette classe de la société si respectable et si intéressante, j'en conviens, mais qui ne sait vivre

qu'au jour le jour, sans souci du lendemain, que
l'affolement du bien-être factice, que le besoin des
jouissances passagères ont saisi, qui ne compte jamais, et que la misère terrassera toujours, tant qu'on
ne lui aura pas inculqué au lieu des fausses théories
électorales les principes fondamentaux de toute société c'est-à-dire l'amour de la société et la crainte
de Dieu.

J'affirme que ces deux principes contiennent dans
leur essence l'avenir heureux pour tous ceux qui les
mettent en pratique ; et, l'on ferait bien mieux d'é-
clairer ces braves gens en leur démontrant l'utilité
du bien, que de se creuser la cervelle pour en faire
sortir des utopies toujours nouvelles, anciennes, personne de bonne foi ne le nierait, mais qu'on rafraî-
chit à chaque occasion.

Jusqu'ici, Messieurs, j'ai remarqué que nos élus,
principalement dans cet arrondissement ont toujours
redouté le vote des cultivateurs ; la raison en est
toute simple : voilà plus de cinquante ans qu'ils pro-
mettent successivement au paysan d'amoindrir les
charges énormes qu'il supporte, et ils n'ont jamais
fait quoique ce soit pour la culture, au contraire.
Leur meilleur appoint comme on peut d'ailleurs s'en
rendre compte en parcourant les listes des votes expri-
més leur est fourni par Dole et les pays où se trouvent
des agglomérations usinières, populations énergiques
capables de tous les dévouements comme de tous les
excès, que leurs agents électoraux égarent de parti

pris au nom du candidat sans songer aux effroyables résultats d'une telle propagande.

La loi punit l'empoisonneur physique, elle est muette malheureusement au sujet de ceux qui inoculent le virus mortel de la révolte et des passions déchaînées parmi de tranquilles familles, d'honnêtes artisans que l'éclat emprunté des images qu'on leur présente dévoie et rend incorrigbiles.

Devant une telle situation, nous sommes tous en droit de nous demander quel sera le terme de toutes ces insanités politiques.

Quelques barrières arrêtent encore le flot grondant qui monte, barrières bien fortes autrefois, remparts de la vieille société française tout entière : la religion, la justice, l'armée.

Bientôt cet édifice social qui faisait jadis l'admiration de la vieille Europe sera culbuté par vos mandataires eux-mêmes à moins que la providence prenant la France en pitié ne nous fasse grâce d'un nouveau bouleversement en ramenant le calme et la droiture dans les esprits affolés.

Gendrey, 3 janvier 1882.

Imp. J. MAYET et Cie à Lons-le-S.